SUIZID I

Einige mehr oder weniger erotische

Gedichte und Balladen

von Patillas Bernard

Şchmÿth

Bestellkontakt: filosof@gmx.net

Kontakt zum Autoren:

UweSchmidtAutor@alice.de

Funk.: 0177-649 35 57

Fone: 040 – 432 66 188

Fax.: 040 – 432 66 189

EDITION

SCHMŸTH

Band

MIX
Papier aus verantwortungsvollen Quellen
Paper from responsible sources
FSC® C105338

SUIZID I

von
Patïllas Bernard Şchmÿth

Herstellung und Verlag:
BoD - Books on Demand, Norderstedt
ISBN 978-3-7347-9191-8

Ein Geschenk an meine Treuen Leser

Wer den rückseitigen Gutschein ausgefüllt an mich sendet, erhält umgehend und absolut gratis das neue **Hörbuch** „Suizid I", oder auf Wunsch alternativ eine limitierte Druckgrafik, persönlich signiert zugesandt.

GUTSCHEIN

O   Ich möchte das Hörbuch

O   Ich möchte die Grafik

Meine Anschrift ist:

_____

Meine Telefonnummer:

_____

Meine e-Mail Adresse:

_____

Ich möchte kostenlos über Neuerscheinungen informiert werden.

Unterschrift: _____

Diesen Gutschein senden an:

Uwe Schmidt,
Postfach 71 01 29,
22161 Hamburg

Lyrik

von

Patïllas Bernard
Şchmÿth

alias
Uwe Schmidt

**Mit einer völlig zusammenhanglos
eingestreuten Ansammlung
herrlicher Zeichnungen
des Malers**

Uwe Schmidt

alias

W. – T. Peacepath

alias

Diddi Darlow

Vorwort

Diese Gedichte habe ich allesamt Mädchen und Frauen gewidmet, die in meinem Leben eine Rolle gespielt haben, die meisten eine derartige Rolle, dass sie mich in die höchsten Höhen der Lust aber auch an den Rand aller nur denkbaren Abgründe gebracht haben. Durch mein nachfolgendes Leiden und die entsprechenden Bemerkungen im Freundeskreis habe ich mir den Ruf eines Frauenhassers eingebracht.

Das stimmt aber nicht, denn ich liebe Frauen, ich habe nur gelernt, das Frauen anders lieben. Ihre Liebe ist wunderschön, und sie erscheint uns in den schillerndsten Farben, wie Seifenblasen oder ein Regenbogen. So wunderschön aber auch so vergänglich ist die Liebe der meisten Frauen.

Früher war ich sehr erbost, wenn man mir sagte, ich sei selbst Schuld, wenn ich mit Frauen immer wieder Schiffbruch erleide, heute habe ich die Erkenntnis, es stimmt.

Auf Seifenblasen kann man keine Zukunft bauen und von einem Regenbogen keine Dauerhaftigkeit erwarten. Nimmt man Frauen aber in ihrer Schönheit, Grazie,

Eleganz und Erotik, so wie sie sind, kann man sich an ihnen erfreuen, bis zu nächsten Metamorphose.

Die Höhen und Tiefen bei diesem Prozess des Lernens kann der geneigte Leser aus diesen Gedichten nachvollziehen.

Dabei waren alle Beziehungen von Liebe geleitet, nie von Hass, manchmal aber von Verzweiflung.
Frauen haben sehr viel von Lilien, wunderschön, in der Liebe von kurzer Dauer und hochgiftig. Aber dieses Gift gleicht einer Droge, von der ich nicht lassen konnte, die mich von Hochgefühl zu Hochgefühl trieb, bis es mich endgültig zerstört hatte.

Hamburg, den 01.05.2015
Uwe Schmidt

INHALT:

Die Urgewalt	15
Die Lebensquelle	19
Der Tag, der einen besseren Menschen macht.	21
Der Schüchterne	23
Der Exhibitionist	25
Der gute Kollege	27
Der Hexen Jagd	29
Der kleine Wassermann	31
Das andere Gesicht	33
Briefe brennen wie Feuer	35
Blinkt ein Stern so weit	37
Schreck in der Abendstunde	39
Blick aus dem Fenster	41
Banges Hoffen	43
Ballade vom Richtfest	45
Abend ohne dich	49
Auf bald	51
Selten nur	53
Seufzer	57

Sinnlos	59
Spiegel – Ich	61
St. Georg	63
Stiefel der Krieger	65
Treue versus Wollust	67
Unendlich	69
Ode an eine Herbstnacht	71

**Die Urgewalt,
als Du mich liebtest**

Aus zartem Spiel ward
ehernes Geschehen,
der Weg ward immer schmaler
den wir gehen,
der Zauber, der uns groß
und frei gemacht,
bald herrscht er über uns
wie Tag und Nacht.

Oft schaud´re ich
vor all zu sich´rem Glück,
ich wünschte uns
ins Keimgefühl zurück,
aus dem die ersten
klaren Freuden quollen, -
Umsonst! Der Schrei des Werdens
ist erschollen.
Was wir auch noch
an Himmelshauch empfangen,
Erbittert und ergänzt nur
das Verlangen.

Oft auseinander wurden wir getrieben,
verwechselnd ob begehren oder lieben.
Schmerzende Worte musstest Du mir sagen
um mit der Jugend auch Dein Leben zu

erfragen.

Aus Liedern raunt
ein rätselhaft Verbot:
Wer um die Wollust wirbt,
erwirbt den Tod.
Mich aber schreckt nicht mehr
die dunkle Kunde,
steh´n wir doch längst
mit Blutsgefahr im Bunde!

Oh Tod, wir Liebenden
durchschau´n dich gut.
Wir seh´n den Stern,
der in dir kreist und ruht!

Doch dann, wenn wir
hinflutend uns vereinen,
den schönen Stern schon
zu berühren meinen,
stürzt er samt unsrer Lust
hinaus ins Nichts,
dann trauere ich,
verhüllten Angesichts.

Geliebte, komm!
Wir wollen Größeres wagen,
Voll Todeslust
den Stand der Welt zerschlagen!
Verschütten wir
der Sehnsucht letzte Furt,
entschlummern wir

zu reiferer Geburt.
Und wachen auf,
im höchsten Lebenstraum,
da bleibt für flüchtig' Zeugungen
kein Raum.

Der ewige Klang. durchstossen ist das Ei,
Klar liegt ein Weg zu neuer Küste frei.
Da gilt ein Werk. Drin wandeln wir uns gross,
vom allzu Dumpfen des Geschlechtes los,
da werden wir, oh liebste aller Frauen,
am Urdom werkend, herrlich uns erbauen.

Das Tor des Werdens, weit ist's aufgetan.
Jetzt fängt sich Eros zu verkörpern an.
Tief schwingen sich,
durchdringen sich die Kreise,
Das reiche Leben will sich selbst beerben,
Will ins Geliebte frei hinüber sterben
Und aufersteh´n zu einer neuen Weise,

Ach allzu gern wäre auch ich
mit Dir auf dieser Reise,

.

Uwe Schmidt
Heydenhof
September 200

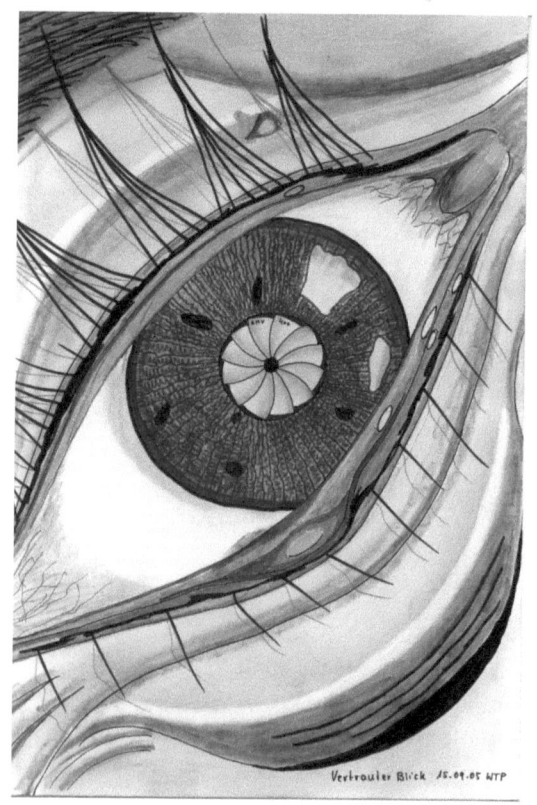
Vertrauter Blick 15.09.05 WTP

Die Lebensquelle

Der Sommer ist vorbei im Leben,
mit seiner Hitze, seiner warmen Kraft,
der Herbst ist da, der soviel kühler ist
im Regen
man weiss der Winter kommt,
der uns zu Tode schafft.

So stemmst du dich mit all dei´m Saft,
dem End´ des Lebenslaufs entgegen,
wohl wissend, das dies Unsinn,
denn den Kampf wirst du verlier´n.

Beim Rückblick aber ist jedoch,
viel weniger als gewollt geschafft,
und einsam wirst du geh´n,
du kannst dich noch so zier´n.

So hast du abgeschlossen,
was dein´s war hattest du schon,
nun kämpfst du unverdrossen,
für deine Tochter, deinen Sohn.

Da plötzlich geht die Sonne auf
mitten im Herbst gar warm,
du hörst der Vögel Flügelschlag,
vorbei ist all dein Harm.

Du fühlst dich jung, du fühlst dich frisch,
die Zeit tritt auf der Stelle,
ein Jungbrunnen hat sich aufgetan,
sie ist deine Lebensquelle.

Uwe Schmidt
Satow 15.05.1996

Der Tag, der einen besseren Menschen macht? (unschuldig eingesperrt)

Klebrig wie des Sirups zähe Masse,
schleppen sich die Tage welk dahin.
Oh, wie ich den Einheitsbrei der Tage hasse,
Rhythmus ohne Inhalt, ohne Sinn.

Licht des Himmels durch das kleine,
hohe Fenster,
grau und trüb und lustlos, wie ein Brei.
Der Gedanken dunkle wütende Gespenster,
und ich fliesse mittendrin, ich bin dabei.

Jeden Tag zur gleichen Zeit das Essen,
wie dem Vieh serviert,
in einem kleinen Trog;
langsam wird man draussen dich vergessen,
ob er vielleicht doch beim Richter log?

Trübe die Gedanken,
zieh'n wie Wolken grau,
die sich türmen, Berge,
weissen Rauch.
Schwer sie lasten,
auf dem gitterstarrend Bau,
drücken deine Schultern
und dein Leben auch.

Dann der Schlag, die Schlüssel,
Tür ist offen.

Hofgang! Die Veränderung
im Einerlei.
Unterbrechung ist
der Trübsal welken Hoffens,
für ein paar Minuten
aus der Zelle frei.

Langsam schlenderst du
den Gang der Zellen,
schmutzig blasse Höhlen
voller Dunst und Rauch,
aus denen uniforme,
fahle Menschen quellen,
aus des Ungetümes
roter Mauern Bauch.

Der Schüchterne

Schönheit ist die leise
Kunst die ihn umfängt,
hat ihre eigene Weise
so wie sie ihn bedrängt.

Ein paar Augenblicke
seh'n die Augen so klar.
Das sie ihn beglücke
dies Geschöpf, so wunderbar.

Sie weiss nicht was in ihm geschieht,
weiß nichts vom stürmischen Drang
Sie weiss nichts, vom `heimlich begehrt´,
weiss nichts vom inneren Zwang.

Wie soll er es ihr nur sagen,
er rätselt und traut sich nicht,
wie kann er es nur wagen
er hält mit sich Gericht.

11.02.2000

Der Exhibitionist

Der fahle Strahl des Mondes
zeigt graues Licht am Himmel.
Der Mann im dunklen Mantel,
zeigt seinen blassen Pimmel.

Die Wolken sehn böse auf ihn nieder,
ihn kneift das neue Mieder,
und kühl streift der Wind
seinen Bauch.

Es weht der Flaum an seinen
nackten Beinen,
und die Laternen scheinen,
und es friert die Haut, an seinem Schlauch.

Und er merkt die Erregung steigen,
da kommt schon ein Mädchen angejoggt,
er erwartet ihr ängstliches Kreischen.
greift mit zittrigen Händen seinen Rock.

Er reißt ihn auf und schreckt jäh zurück.
Ihr Lachen zerfetzt sein kurzes Glück.
und sein Blick verliert, was er erschaut.

Die Kälte greift zu,
die Enttäuschung ist bitter,
stumm steht er da, mit seinem Zitter,
sein Körper von Kälte ausgelaugt.

„Ein Köm und ´n Bier!",
„Na Erwin, wie geht´s"
„Es war halt ein schwerer Tag heut´.
Nicht alle Hoffnungen werden erfüllt,
und es gibt immer mehr schwierige Leut`"

„Ja, ja", sagt der Wirt,
denkt er kennt die Probleme,
er ist keine Zeit, für diese Boheme,
der Gast ist König, - „Ich zahl!"
„Na dann, bis zum nächsten Mal."

Uwe Schmidt
Nieden
Oktober 2000

Der gute Kollege

Es schwebt im Raum die Lüge
So friedlich und so sanft,
dass sie dich behutsam wiege,
in Sicherheit!

Die Lüge, die umgarnt dich
und spornt dein Ego an.
Du sagst nur „ja" und „sicherlich",
fühlst dich bereit!

Du schaffst das schon, so wird gesagt,
für ihre unangenehm´n Dinge
hast du dich geplagt,
man lobt , du bist einsatzbereit!

Warum so blind, ob der Schmeichelei,
du hast alles von dir gegeben.
Mit Freuden löst du das Problem nebenbei,
man mag deine Verlässlichkeit!

Langsam erkennst du die Fassade,
merkst der Lüge feinen Hohn,
und verdrängst die Eskapade
und nimmst es mit Heiterkeit!

Doch der Damm ist gebrochen,
und die Fragen kommen,
hast mit anderen gesprochen.
Hinter den Lügen
ein Schemen von Ehrlichkeit!

Nun ist es vorbei mit der Eloquenz,
„Gott, wie der sich verändert hat".
Kein schnelles Machen mit Turbulenz.
Nun hat alles ein wenig Zeit!

Die Lüge weicht, das Lob aber auch,
man hat aus Eigennutz angespornt,
du hast eine große Wut im Bauch
und bist zum gehen bereit.

Uwe Schmidt
Bröllin
03.09.2002

Der Hexen Jagd

Ein böser Verdacht,
eine falsche Klage,
oh, wie sie geifernd Rache nehmen.

Die Intrige vollbracht,
die Schuld ist vage,
Hauptsache, sein Leben nehmen.

Oh, dieser Genuss,
„... noch ein Tässchen Kaffee?
Dem haben wir es aber gegeben.

In die Hölle zum Schluss,
oder ersäufen im See,
auf jeden Fall ein paar Jahre vom Leben."

Doch ihr Lachen klingt leer,
da sind keine Seelen,
Genuss nur noch am Zerstören.

Sie leben nicht mehr,
sie wollen quälen,
wollen Schreie der Verzweiflung hören.

Wirst du sie hassen,
gar Rache nehmen?
Ich bin zum Warten bereit!

Man kann sie nur lassen,
sie werden sich grämen,
ihre Bitternis tut mir nur leid!

Sie wagen viel,
weil es ihnen liegt,
das Schöne, das Zarte zu verderben.

Doch auch wenn ihr Spiel
über Gerechtigkeit siegt,
werden sie dadurch nicht glücklicher werden.

Hamburg, 08.01.2005

Der kleine Wassermann

Leise gleitet das Boot,
über den See, und unter
der Trauerweiden rot, und gelb
und noch viel bunter.

Der Mond gräbt fern
seine Spur in seichte Wellen,
und Fische springen gern,
nach Mücken und Libellen.

Das Blattwerk rauscht drüben,
am Ufer, im leichten Wind,
und in der Ferne hüben,
lacht fröhlich ein Kind.

So schaukeln wir im Wasser, die Hände
Fest verbunden, der Puls schlägt,
deine Augen sprechen Bände,
halt - hat sich da nicht was bewegt?

Es ist der kleine Wassermann,
der Liebende belauscht,
er schwimmt ganz gerne leis' heran
wenn Aphrodite sie berauscht.

Hörst du wie er vor Freude,
das Wasser glucksen lässt und lacht?
Er hat das heute auch mit uns,
in der Dämmerung gemacht.

          Hamburg, 30.01.2007

Das andere Gesicht

Er wirbelt seine Flügel,
quert Auen und Hügel,
auch über die Grille,
und durch die Stille,
lässt sich tragen von lauer Luft,
und entstammt doch Todes Gruft.

So zart wie Seide,
bunte Tupfer über der Weide,
die Sonne ist warm,
die Natur ohne Harm,
wie aus einer anderen Welt,
ein Wesen, das von Liebe erzählt.

So verzaubert er jeden,
bringt turbulentes Leben,
der quirlige Wicht,
erhaschen kannst du ihn nicht,
schlägt Pirouetten gar,
macht die Ufer so wunderbar.

Wer aber vermutet sein anderes ich,
hässlich, ranzig, widerlich?
Klebrig, die Raupe am Blatt,
frisst sich an jungen Sprossen satt,
nagend und kauend an Busch und Baum?
Den Schmetterling mutet man kaum.

Aber ohne Raupe kann's
kein Schmetterling geben,
also lassen wir beide

besser leben.

Hamburg 12.10.2007

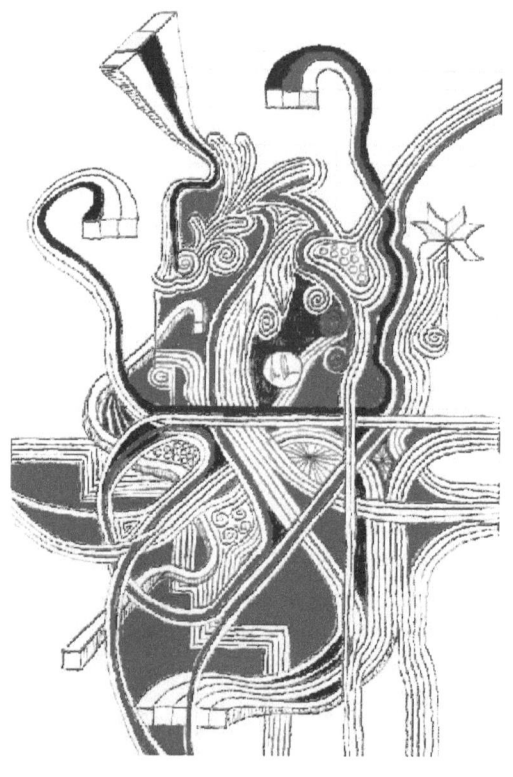

Briefe brennen wie Feuer

Deine Hände spüre ich,
wenn ich die Zeilen lese,
die Hitze steigt in weichen Wellen
mir zu Kopf,
trocken wird mein Mund,
ich glaub ich spüre,
den zarten Duft
aus deinem Zopf.

Spüre deine weiche Haut
in meinem Wahne,
einen Hauch von Feuchte,
deckt den Flaum der sich errichtet,
von deinem dampfend Leib,
den ich erahne,
mir wird heiss, und Gier
und Liebe sind gewichtet.

Heiss auch meine Wünsche,
mein Elan.
Schau fiktiv in deine Augen,
seh' Begehren,
glaube deinen heissen Atem
jäh zu spüren,
harr' der Dinge, die du mich
wirst lehren.

Zitternd halt dein' Brief ich in den Händen,
die Erregung läuft mir heiss die Wirbel hoch,
spür' lasziven Druck von deinen Lenden,
und ich frag mich, Gott, wie lange noch,

muss ich warten auf den Duft
von deinen Brüsten,
Sehnsucht wird zur Dimension,
zum Schrei!
Kann ich wirklich schreiben
von den Lüsten?
In Gedanken bist Du
ganz hautnah dabei.

Deine Briefe machen mich ganz wild,
ich seh' dich winden, zucken gar
im Rausch der Lüste,
lecke, schmecke, rieche,
doch kein Hunger wird gestillt,
möchte kneten, streicheln,
kosen deine Brüste.

Und so les' ich deine Zeilen immer
wieder,
träume von der Freiheit
künftigem Glück,
tröste mich durch
deine Liebeslieder.
meine Bilder deiner
so verruchten Mieder,
denn ich weiss,
das Leben kehrt zurück.

                                      Hamburg, 13.04.2006

Blinkt ein Stern so weit

Wilde Liebe,
nur für den Augenblick.

Wilde Liebe,
vergängliches Schicksal.

Wilde Liebe,
voll Leidenschaft.

Wilde Liebe,
fantastische Landschaft.

Wilde Liebe,
Sehnsucht und Zärtlichkeit.

Wilde Liebe,
traumatische Vergangenheit.

Wilde Liebe,
Leere und Einsamkeit.

Wilde Liebe,
zu allem bereit.

Wilde Liebe,
da blinkt ein Stern in der Nacht.

Wilde Liebe,
Hoffnung ist erwacht.

Uwe Schmidt
Hamburg
12.07 1998

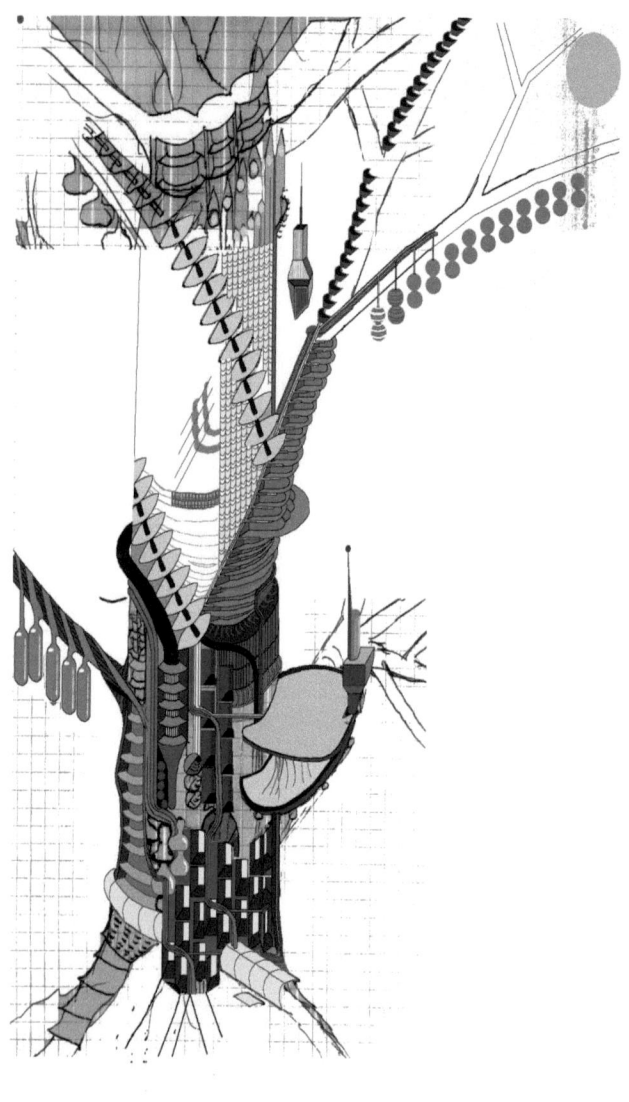

Schreck in der Abendstunde

Sie schaut ihn an,
und nimmt ihn in den Arm,
die Hand rutscht in die Hose,
sie ist so warm.

Der Park ist dunkel,
eine Lampe glüht,
und eine dunkle Wolke,
am Mond vorüberzieht.

Er fasst sie fester
und die Hände wandern,
von einem erogenen Punkt
zum andern,
hört Lust und leises Stöhnen
voll verzücken,
als sie sich tief
in ihre Augen blicken.

Die Hand wird keck
in seiner weiten Hose,
sie greift sehr fest,
dann auch wieder lose,
massiert die Bällchen,
er fängt an zu zucken,
„nur nicht so schnell,
sonst wird er spucken".

Und seine Hände
wandern unter's Röckchen,
in ihren Händen

pulst sein Liebesstöckchen.
Schon will sie sich nach vorne biegen,
sein' Phallus
mit den Hüften wiegen - da!

Da ein Geräusch,
ein hämisch grelles Lachen,
wer kann so noch
mit Liebe weiter machen?

Doch niemand da,
woher nur kommt die Störung?
Und beide sind jetzt
voll´ Empörung!

Es wird etwas heller, die Wolke
gibt den Mond jetzt frei.
- Die Lachmöwe war's
mit ihrem Schrei!

Der Schreck ist weg,
beide schauen sich schmunzelnd an,
und fangen voll Lust,
sich wieder zu lieben an.

                                    Hamburg, 03.05.2004

Blick aus dem Fenster

Ein Pool der Ruhe
Anriss kommender Vergangenheit
Rückblick und Zukunft
Verlauf der Zeit.

Ich ruhe in mir,
der Whiskey zeigt Zeit
ich bleibe in mir
ich bin bereit.

Die Schemen ziehen,
der Abend liegt schwer,
und mein Bemühen
ohne jegliche Wehr.

Da ist der Gedanke,
es kann was geschehen,
auch wenn ich jetzt wanke,
die Zukunft hat Wehen.

Und es werden geboren
kraftvolle Ideen,
so wie einst verloren
werd´ ich jetzt Zukunft seh'n

So formt sich aus
was Zukunft bringt,
kommt aus mir heraus,
das Neue sich ringt.

Der Mond schaut mich an
er weiss was kommen wird,
es ist Zeit zu gehen'
"zahlen Herr Wirt!"

                        Uwe Schmidt
                           Hamburg
                       13.02.2000

Banges Hoffen – was wird?

Hoffnung und Freude,
banger Schmerz,
Sehnsucht und Glaube,
und ein offenes Herz.

Oft selbst verletzt,
Vertrauen verloren,
so sehr gedemütigt,
an der Seele erfroren.

Seh´ ich ein Licht
im langen Gang ?
Und warm wird mir,
um´s Herz, doch bang,

bleibt meine Seele.
Ob´s je was wird ?
Versprochene Träume,
hab ich mich so geirrt ?

Sehnsucht brennt heiss,
war denn alles Lug ?
Warten und Hoffnung,
alles nur Trug ?

Sehnsucht brennt heiss,
doch sie wird nicht erfüllt,
Verlangen nach Nähe,
es wird nicht gestillt.

Das letzte Treffen,
so lang ist es her.
Du bist so weit weg,
liebst du mich denn nicht mehr?

Traurigkeit nimmt
von mir langsam Beschlag;
gibt´s ein Danach,
in dem man leben mag ?

30.12.2000
Uwe Schmidt
Hamburg

Ballade vom Richtfest

Da! Sieh! Das Dach ist nun gerichtet,
das Haus reckt stolz die Balken hoch,
mein Leben wird nun neu gewichtet,
es dauert nur wenige Jahre noch!

Der Akt ist vollzogen,
man wendet zum Fest sich,
der neue Anfang ist schon gemacht.
Nach verlorener Liebe
wird nun alles zum Besten,
und neuer Lebensmut ist erwacht.

Vorbei der Gedanke an des Todes Kuss,
den der Wagen gegeben dem Baume.
Jetzt will ich, ich weiss nicht nur dass ich muss.
Und das Leben weht wieder im Raume.

Das Fest hebt an, ob Freund ob Feind,
alle sind sie gerne gekommen,
ein neuer Anfang ist vermeint
und gar wichtige Freunde gewonnen.

Die Party beginnt, die Stimmung steigt
hoch,
in Höhen eines Anfangs ganz neu,
ich seh' eine Frau, sie duckt sich noch,
sie zeigt sich lasziv und doch scheu.

Während alle saufend und fressend frohlocken,
ein lustiges, tanzendes, jubelndes Tosen,
seh' ich sie ganz unscheinbar still dort hocken
sie rührt mich, wie keine andere, zum kosen.

Der Wein zeigt Wirkung, erst schüchtern noch,
versuch ich ihr Herz zu erreichen;
doch ich weiss nicht wie, oh wie gut sie roch,
doch der Alkohol stellt die Weichen.

Ich trau mich nicht recht, doch Frechheit siegt,
und so mach ich eine dreiste Gebärde!
Während sie ihre Hüften im Tanze wiegt,
hoff' ich innig, dass mehr daraus werde.

Ich stand an der Wand, sie kam weil ich rief,
doch ich wagte es kaum zu hoffen,
ihre Augen voll Sanftmut, so still und tief
ich spürte ihr Herz für mich offen.

Da zuckt der Blitz! Du!
Laszivität kommt perplet,
Du wiegst deine erotischen Hüften ganz zart,
und als Du im Grundstück nach hinten lockst,
da muss ich Dir folgen,
und mein Gemäch ist hart.

Wir stehen im Dunklen, Du fasst ihn an,
es durchzucken mich Urgewalten,
Du presst deinen Körper an mich heran,
ich kann mich fast gar nicht mehr halten.

Deine Düfte schreien das Lied der Lust
in dieser entscheidenden Nacht,
mir wurd' mein unirdisch Verlangen bewusst
mit wenigen Gesten, Du hast es vollbracht.

Es ist aufgestossen, das Tor, oh Schauer,
zu begehren, lieben, besitzen und Lust,
und mit Leichtigkeit hob ich hinweg die
Mauer,
es brennt so heiss in meiner Brust.

Du bist mein Weib, und keine Andere,
das wurd' mir diese Nacht noch klar.
Auf höchsten Höhen, in Glückseligkeit wandle
ich ab heute so wunderbar.

Was für Gebärden, Bewegung und Lachen,
das schwarze verführerisch lange Haar.
Die Brüste, die wippen, das Plätschern im
Hocken,
der Duft deiner Nässe, die Verheissung gar.

An diesem Abend ward die Tür aufgemacht,
von Lüsten die ich nicht geahnt und gekannt.
Es wurde eine hemmungslos erotische Nacht,
die mich in deine Aura gebannt.

So harre ich jetzt, in Liebe gefangen,
vom Rausch deines Eros bezwungen.
Ich bin mit dir durch die Hölle gegangen,
und ich hab deinen Leib besungen.

Mein Leben hat mit dir neu begonnen,
ich seh' uns're Zukunft so klar,
und nun mit dir, hab ich doch noch gewonnen,
ich lieb' dich, es ist wunderbar.

Danach kommt nichts, wir werden es schaffen,
zusammen wie zwei Eisen geschweisst.
Und was auch geschieht, keiner wird es
schaffen,
das man uns auseinander reisst.

So ist unsere Liebe ein endgültiges Band,
das Zeit, Schmerz und Leid übersteht,
und wir nehmen uns beide, Hand in Hand,
so lang noch die Erde sich dreht.

Wir lieben uns, auch wenn von and'ren gerügt,
keiner kann unterbrechen dies feste Band,
was das Schicksal einmal zusammengefügt,
hält das Schicksal auch fest in der Hand.

So wäret die Liebe bis zum jüngsten Gericht,
von Dir zu mir ist's verbunden und stolz,
und keiner im Leben das Bündnis bricht,
es ist aus ehernem Holz.

Jömstorf/MV
16.07.1996

Abend ohne Dich

Der fahle Strahl des Mondes
zeigt graues Licht am Himmel.
Er sitzt am Wegesrand,
und bauschige Wolken filtern Licht.
Am Zaun der alten Koppel
reibt sich der wilde Schimmel,
der Wind halt scharf Gericht.

Die ersten Nebelschwaden,
ziehen von der Aue herauf,
sie kleben nass am Boden,
Schwermut nimmt seinen Lauf.

Die kalte Hand des Winters,
kriecht dir im Nacken hoch,
du weißt die Zeit des Todes
kommt näher, Todes Loch.

Die Einsamkeit des Lebens,
wird gnadenlos bewusst.
Du sitzt an Aue´s Ufern,
und siehst den schwarzen Fluss.

Die Träume zieh´n an dir vorbei,
die, die vergessen werden,
sie zeigen dir, es ist umsonst,
du wirst nicht unsterblich werden.

Der Tag sinkt nieder,
nach arbeitsam´ Geschäft,
und langsam kehret wieder,
die Ruhe, die den Abend labt.

Die Kirchturmuhr schlägt,
und die dunklen Schatten,
streifen um die Mauer,
als wenn sie heut´ nichts hatten,
und schlurfend ist ihr Schritt.

Uwe Schmidt
Nieden
04.11.1998

Auf bald

Des Nebels Dunst liegt drückend
hier auf Hamburgs Strassen
und trotzdem fühl' ich
leicht mich, und beschwingt.

Ich kann so schwer nur von dir lassen.
Und Glück ist's,
was wie Lichtschein
mich umringt.

Ich steh' am Bushäuschen
und grinse vor Glück,
weil voller Lust ich deiner denk,
und er wird hart.

Ich hör' am Telefon die Stimme,
die mich so sanft umschmeichelt;
es ist deine und, sie macht mich froh,
so kräftig und doch zart.

Die Gischt sprüht Nässe
von der Auto Reifen,
der Asphalt spiegelt Lichter,
und es weht, ein feuchter Schleier Hauch.

Und die Entfernung
zwischen dir und mir am Telefon,
zeigt mir wie sehr ich
deine Liebe brauch'.

Wie gerne würd' ich dich gar jetzt umarmen,
und spüren deinen Körper warm,
dir streicheln Wangen, Lippen, Nase
und deine Haut erfühlen.

Wie gerne deiner Brüste Knospen kosen,
und überschütten dich mit roten Rosen,
damit dein heisses Fleisch mir
mein Gemüt kann kühlen.

Der Bus kommt, ich steig ein
und mit den vielen Menschen, bin ich allein.
So leb´ ich denn, in freudiger Erwartung
auf den Tag, an dem wir uns bald seh'n.

Oh glaub mir Kleines
kaum kann ich 's erwarten
dich mit den Armen zu umschlingen
und dich zu drücken an die Brust
das wir nie wieder auseinander geh'n.

So sei die Zukunft denn für uns,
und nichts soll diese Kette sprengen,
verlässlich ein Familienbund,
wollen wir uns schmieden,
unser Glück uns machen.

Und dann drauf achten,
das die Bande sicher halten,
zärtlich miteinander sein,
mit fröhlicher Kinderschar
liebevoll über uns wachen.

Hamburg 23.10.2001

Selten nur

Selten nur, lässt das Leben
uns gewähren,
uns gegenseitig Lust und
Freude zu bereiten,
doch macht das nichts,
wir hatten schon,
mal bessere und auch
schlechtere Zeiten.

Wenn wir uns treffen,
heimlich dort im Park,
oder in Hamburg,
wenn's genehm ist, für die Zeit,
dann können uns're
Körper das bereiten,
worauf wir uns
so sehnsuchtsvoll gefreut.

Die Hände tasten,
greifen weiches Fleisch,
und zärtlich dann
den anderen geiler machen,
das Blut das pulst
und schwüle Hitze steigt,
die Zungen suchen,
spüren tief im Rachen.

Die Kleider fallen langsam,
dann eher schneller,
und noch mehr Körper,

noch mehr Fleisch wird frei,
und das Verlangen,
das wird immer stärker,
auf Teppich, Stühlen, Tischen,
wo, ist einerlei.

Wie Liebesperlen,
fein in einer Reihe,
so seh' ich, riech´ ich,
schmeck' ich deinen Saft,
der dir entlang läuft
an den Schenkeln,
und deine Hände halten
meinen Schaft.

Nun ist der Damm gebrochen,
deine Warzen steigen,
fest ist dein Griff und
es regiert die Gier,
und zuckend fängt deine Hüfte
an zu kreisen,
ein spitzes Stöhnen und
ich steck' in dir.

Zwei heisse Leiber
prallen aufeinander,
und du nimmst an,
parierst mir Stoss um Stoss,
es mischt sich unser
beider heisser Atem,
nach meinem Saft verlangt
dein geiler Schoss.

Die Woge schwillt
zu einem kräft'gen Sturme,
und die Bewegung rast,
der Atem auch,
Nägel krallen, Röcheln,
Stöhnen,
mein heisser Samen
strömt in deinen Bauch.

So machen wir es,
was die Körper halten,
solange, bis der Hunger uns
die Bremse gibt,
wir kennen uns jetzt
schon zehn Jahre,
und immer noch
so wollüstig verliebt.

                                                Hamburg,
                                                04.05.2004

Seufzer

Ach Liebes, lass uns ehrlich sein!
Die Welt, die wie ein träumend Land,
so bunt, so neu, so schön, so rein,
zum Greifen nah, ist ausser Rand und Band.

Hat weder Freude, Liebe oder Licht,
noch Frieden oder Sicherheit,
und keine Hilfe vor dem Schmerzgericht,
so sind wir hier auf diesem Feld bereit,

umschwirrt von Ordern voller Widerspruch,
zu kämpfen und zu flieh'n.
Unüberbrückbar ist der Mordgeruch,
wo ignorante Heere Kämpfen
und dann weiter zieh'n.

Hoffnung kann lange nicht mehr reifen,
stets bleibt allein uns nur ein kurzes Glück,
jeder will nur HABEN, Macht sich greifen,
verblendet, nur zu zweit führt uns ein Weg
zurück.

Freundschaft und Wollust aber
kann die Grenze brücken,
und vor dem Weltenwahn
schützt uns der Sprung ins Zauberland,
dort in der fernen Fantasie können wir
dem Wahn entrücken,
drum nehm' und halt' ich gerne
deine Hand.

Hambug 10.12.2013

Sinnlos?

Wir haben an dieses und
noch mehr an jenes gedacht
stritten um den Wert der Wahrheit
den Wert der Macht,

Wie manch Volksvertreter
sich darinnen wiegt
um den Wert, der vielleicht nur
in der Beherrschung der Macht liegt,

stritten, wie wir die Welt verändern,
und uns selbst, noch mehr unser Gegenüber,
stritten gegen das für
und für das Wieder.

Auf der Suche nach der wahren Demokratie,
auf der Suche nach Glück und Harmonie.
Nur Unverständnis und Kopflosigkeit?!
Nur Verzagtheit, Furcht Befangenheit?!

Die falschen Gesprächspartner?

Es bleiben Fragen:

- Wer interpretiert uns unsere
  Unsicherheit

- Wer erklärt uns unsere
  Zerrissenheit?

- Wer stopft die Löcher, die es in unsere Gedanken reisst

- Wer lindert die Qualen, wenn es sich in die Seele beisst`?

- Warum gibt es so wenig Halt?

- Warum ist die Welt oft so kalt?

Hamburg
19.11.07

Spiegel (Selbstzweifel)

Ich !
Wer ist das? Bin ich das?
Der, den ich morgens im Spiegel betrachte,
voller Argwohn und Mitleid?

Oder bin ich der, den Du in mir siehst,
oder der, den Du in mir sehen willst?

Oder, vielleicht Siehst Du mich ja richtig,
und mein Spiegel,
zeigt mir mein Wunschbild?

Ich gebe mir grosse Mühe,
dass Du mich siehst,
wie ich mich sehen möchte.

Bin ich so, wie ich sein möchte,
oder ist mein Mühen
nur eine wackelige Fassade,
die jeder durchschaut?

Bin ich wahr,
oder glaube ich mir inzwischen,
was ich mir lange genug
vorgelogen habe?

Aber wer bin ich dann wirklich,
wenn der, den ich sehe
nur ein Mensch ist, den ich sehen will?

Und wie sehen mich die anderen,
die mich besser durchschaut haben
als ich mich je selbst?

Sehen sie mein Wirkliches,
mein Wahrhaftiges,
das ich selbst nie fand?

Ob sie es mir sagen?
Und wenn,
will ich es wirklich hören?

Ich schaue
noch einmal
In den Spiegel und – Sehe mich!

Dann gehe ich
ins Kaufhaus,
und kaufe ein schwarzes Tuch.

Ich will mich nicht mehr sehen,
ich decke das Tuch über den Spiegel
ich schaue nicht mehr in den Spiegel.

Ich bin ich,
und mag
mich nicht mehr sehen.

Hamburg 2002
Aus dem Pallett 001 „Ich"
SGK Gallery Heydenhof

St. Georg

Das klare Wasser springt fröhlich
über die glitzernden, glatten Steine,
am staubigen Brunnenrand.
Die Sonne strahlt frisch und selig auf geile,
halbnackte Beine,
Sie sitzt erschöpft am Rand.

Ein Rabe hackt mit Inbrunst, in dem
feuchtrot kleckernden, Kadaver
der toten Katze,
quietscht vergnüglich im
Wasserdunst, hackt den Konkurrenten,
den meckernden, labt sich mit Geschmatze.

Die Katzenaugen kullern
übers alte, feuchte Pflaster
und ditschen an den feuchten Bordstein.
Kleine Jungen pullern,
ein anscheinend genüssliches Laster
und finden die kleinen Bäche fein.

Ein Hund kommt angewedelt,
und klaut die Katze dem Raben,
sie haben sie beide zum fressen gern.
Ein Berber, ziemlich benebelt,
scheucht beide in den Graben,
die Welt ist für ihn fern.

Die Katzenaugen im Murmelsack,
der Berber nimmt den ersten Schluck,
der Rabe hat jetzt eine Ratz.

Der Hund schnüffelt an einem Plastiksack,
die Borsteinschwalbe, guck,
sitzt noch an ihrem Brunnenplatz.

Ein heimeliger Morgen hier,
St. Georg wacht jetzt auf,
und reckt sich in den Tag.
Über den Platz weht etwas Papier,
türmt an der Ecke sich zuhauf.
Ein Taxi reisst den Wagenschlag,

auf, um einen Gast zu fahr'n.
Der Krämer gegenüber schon,
macht auf für Brötchen Croque und Tee,
und die lang nicht zu Hause war'n,
bringen ihren kargen Lohn,
und trinken Cognac-Kaffee.

Die Katze tot, der Kater lebt,
der neue Tag auf St. Georg beginnt,
die Aktenkofferträger kommen nun,
das Nachtgespenst nun endlich geht,
auf das der Tag von hinnen rinnt,
kann bis zum Abend ruh'n.

                                                          Hamburg,
                                                          30.08.06

Stiefel der Krieger

Auch die modernen Stiefel waten im Blut,
marschieren tut nur den Mächtigen gut,
die Schafe laufen sich die Sohlen ab,
nehmen wunde Füsse mit ins Heldengrab.

>Und gestern war Krieg,
>und heute ist Krieg
>und morgen wird er immer
>noch sein.

Nicht die stolzen Krieger und ihre
„sauberen" Waffen,
nicht die Aktienkurse der geldgeilen
Laffen,
auch nicht die angeblich heeren Befreier,
nicht die scheinheiligen Herren und ihre
dicken Eier,

>Und gestern war Krieg,
>und heute ist Krieg,
>und morgen wird er immer
>noch sein.

haben ehrliche Antworten für Frauen
und Kinder,
wozu diese Stiefel, ihr scheinheiligen
Schinder?
Die Menschen, die Kinder und deren
amputierte Väter,
vertrösten die Schlächter immer auf
später.

> Und gestern war Krieg,
> und heute ist Krieg,
> und morgen wird er immer
> noch sein.

Wozu das alles? Nur für Stolz und Geld?
Glaubt ihr wirklich das schafft eine bessere
Welt?
Eure Macht erhalten,
eurer Geld verwalten?

> Und gestern war Krieg,
> und heute ist Krieg,
> und morgen wird er immer
> noch sein.

Zieht aus die Stiefel, von mir empfohlen!
Harmonie erkämpft man auf leisen
Sohlen!
Gewalt zeugt Gewalt, das hat die
Geschichte gezeigt,
vor Gewalt aber hat sich noch kein freier
Mann geneigt.

> Und gestern war Krieg,
> und heute ist Krieg,
> und morgen wird er immer
> noch sein.

Hamburg, 19.11.2007

Hymne des
Europäischen
Friedenspfades

Treue versus Wollust

Es war einmal vor langer Zeit,
da gab es ein gar laszives Weib.
Sie riss mir herab voller Leidenschaft,
Hemd und Hose vom brünstigen Leib.
Sie ließ mich zittern, mir kochte der Saft,
was für ein göttlich erotisches Weib.

Meinem Liebesdocht gab sie einen Schmatz,
riss ihn an sich wie einen wertvollen Schatz,
und tauchte ihn ein in ihre nassen Löcher,
nie tief genug konnte es ihr gehen,
sie einverleibte meinen Speer wie ein Köcher,
vor Lust verging mir Hören und Sehen.

Morgens kaum erwacht, war sie am wippen,
sass mit duftender Feige auf meinen Lippen,
wollte, dass ich ihre Knospen zart vibriere,
und wartete auf meiner Zunge Kuss,
das ich sie saugend und leckend berühre,
sie war so geil, so voller Genuss.

Und ach so oft liebte sie es hart,
roh, und mit Kraft, mit Gewalt und zart.
Und während sie schrie, der Extase entgegen,
gutturale Laute, am Hals hektische Flecken,
gab ich anal ihr den besonderen Segen,
ihre Backen sich mir entgegen strecken.

Dann kam mir das konvulsive Zucken,
es zog im Skrotum, das bekannte jucken,
meine Lenden sich bogen zu ihrem Mund,

als sie ihn herauszog und gierig leckte,
nahm sie ihn tief in ihren geilen Schlund,
bis mein Liebessaft ihre Lippen bedeckte.

Ihr Finger bohrte mein rektales Loch,
und noch einmal fuhr mein Speer zu ihr hoch,
so tief in mir, wie es keine wagte,
meine Nummer eins, sie war absolut!

Und Schauer auf Schauer durch mich jagte,
sie, die kein schlechtes Gewissen plagte,
sie, die vor keiner Stellung zagte,
es tat uns beiden so unirdisch guuut!

Sie war es, so wie auch ich getrieben,
die einander immer wilder die Körper rieben,
und extatische Wellen wurden offenbart,
von denen sie mehr und mehr verlangte,
ich war im Kopf und im Schwanz so hart,
es gab nichts wovor uns beiden bangte.

Hamburg
12.04.08

Unendlich.

Nehmt Abschied Brüder und
Schwestern.
Nehmt Abschied von dem Lauf der
Dinge,
denn ungewiss ist, alle Wiederkehr.

Die Zukunft liegt in Finsternis
und macht das Herz uns schwer.
Der Himmel wölbt sich drohend übers
Land,

ade, auf Wiedersehen.
Ich hoffe, ich hab diesem Land,
am End, meine Gedanken eingebrannt.

Die Sonne sinkt, es steigt die Nacht,
wohl an in unseren Köpfen !
Die Welt schläft ein und leise´ erwacht,
der Satan um zu schröpfen !

Familie nimmt Dich schützend auf
und rettet vor Verderben.
Du Ungemach, nimm Deinen Lauf !
Mir kann doch nichts geschehen,
kann ich die Liebe sehen.

So ist in jedem Anbeginn,
das Ende nicht mehr weit.
Wir kommen her und gehen hin
und mit uns, geht die Zeit.

Der Einzelne vergeht,
der Clan hat den Gewinn.
So bleibt Gedanke Zeit um Zeit,
von Ewigkeit zu Ewigkeit.

Und jammere nicht allein um Dich,
halt aufrecht nur das Ganze,
und man vergisst Dich nicht.

Nehmt Abschied Brüder und
Schwestern,
schließt den Kreis.
Nehmt Abschied von der Einzelheit,
das Leben ist kein Spiel.

Nur wer es recht zu Leben weiß,
gelangt ans große Ziel.
Der Clan hält schützend über Dich,
die Hand, wenn Ihr ihn alle schützt.

Und macht Ihr mal die Augen zu
dann merkt Ihr wie's der Seele nützt.

Uwe Schmidt
Hamburg
25.06.1995

Ode an eine Herbstnacht

Wenn der Tag weicht,
so geschäftig er ist,
und doch schwer,
so lustlos und beleibt,
und mit der Sonne
quälender Strahlen,
den Schweiss den Rücken
hinunter treibt.

Wenn dieser Tag dann
endlich geht,
dann kommt,
wie schon Novalis erkannte,
die göttliche Nacht,
die uns jung macht und frisch,
die mit leichtem Treiben
die Sonne verbannte.

Die Kühle lässt mir
die Haut erwärmen,
und Pilz und Kork
treibt die Fantasie,
manch Edelmann wird
von der Bettlerin schwärmen,
von dem faltigen Teint
mit dem roten Tütü.

Die Göttin der Nacht,
Alkaloide,
streicht leicht mit ihrem
schwarzen Schleier Spiritus
über die rot glühenden Nasen
und Wangen,

und die meisten träumenden
Wandler heut Nacht,
haben sich in dem
Schleier verfangen.

Sie, die verzaubernde,
forschende, schmeichelnde,
ist kichernd zu
den Liebenden gegangen,
sie haucht ihren Atem über sie,
wenn im Rausch sie
die Wollust erlangen.

Es zuckt auf dem Lager,
es dampft und stöhnt,
Stakatto, Lust und
glückselige Pein,
wer so in die Höhen
der Liebe sich ringt,
den lässt Alkaloide
nicht lange allein.

Die schwarze Göttin
kennt nur zwei Gestalten,
denen sie zur Dämmerung
ihren Nektar kann unterbreiten.

Die erste ist der Narr, die Närrin,
Alkaloide kann sie nicht lange halten,
die, die nur gelegentlich mit Vorwitz,
ihre Zeiten überschreiten.

Sie naschen nur
vom Rand und nehmen
alsbald hier, bald dort,
ein wenig von den Lastern fort,

um dann erschrocken
von der eigenen Courage,
im schnellen Lauf
ihr Lager aufsuchen,
aus Angst vor
der Blamage.

Die andere Gestalt ist die der Nacht,
die Abends erst erwacht,
sie nascht nicht, sie taucht ein,
sie nippt nicht an des Glases Rand,
sie trinkt den schweren Wein.

Wer die Weisheit erlangen will,
muss bis zum Grunde
der Narrheit schöpfen,
die anderen aber
wird man schon vorher köpfen.
Ob's nun die Obrigkeit
oder der Sensemann,
die Faden und Langweiler
waren immer schon
als erste dran.

Seit dem Abendglockenschlag,
hat die Gestalt der Nacht,
sich für Alkaloide zurechtgemacht,
sich vorbereitet auf der Göttin Advent
und sie herbei gehofft.

Da kommen die dunklen Schleier
und umwehen des Mondes Licht.
Es wird ein dämonisches Feiern,
die einen sehen, die anderen nicht,
und ein kühler Hauch weht durch das
Loft.

Die Lichter und Lampen
das Glimmen beginnen und schaffen,
hell nebliges Licht, das wie trübe Augen strahle,
die sich widerspiegeln in den gefüllten Karaffen,
an den glitzernden Wänden hier im Saale.

Tumor ist wenn man trotzdem lacht,
und wenn auch leiser,
man seine Spässe macht, und geht hindurch,
durch's lange Tor,
den Gang hinab, bald wie ins Grab,
der Gang ist schwärzer als je zuvor,
ich bin kein Narr, ich bin ein Thor!

Der Flügelschlag der kleinen Säuger,
huscht über meinen Kopf,
rauscht seltsam mir im Ohr.
Dann nur noch Stille,
und schweigend schaue ich empor.

Ich hab mich gefunden, in mir kocht,
Frieden, Ruhe, mit mir Einigkeit,
jetzt kann ich geben und bin auch bereit,
mit dir Alkaloide zur Zweisamkeit.

Das Sehen ist ein wenig nur,
oh Königin der Nacht,
dein Schmecken, dein Geruch,
dein leises Atmen in mein Ohr,
das ist der Puls der fröhlich macht.

Dein Atem geht jetzt schwerer,
als wenn der Wind leicht kräuselnd,
durch die letzten Blätter rauscht,
leis' säuselnd, und hier und dort
bricht auch ein Ast,
ein kleines Tier läuft fort,
der Winter kommt ganz ohne Hast.

Ich liebe dich, an diesem
nächtens so verrücktem Ort.
Dann wieder Stille, absolut,
als wären alle auf der Hut.

Da! Ein kehliger Schrei!
Es ist, als wenn die Pappel sich
duckt,
sich die Weide verbeugt,
als wenn die Tanne zum Abschied
salutiert
und das Moos ganz leise und tragisch
seufzt.

Der Tag ! Ein Silberstreif am
Horizont,
den Tag besiegt sie nie.
Verbitterung entmachteter Aristokratie.
Wo schwindest du hin, du Königin der
Nacht,
wo ist des Mondes Lachen,
bleib' hier, du sollst doch über mich,
über meine Träume wachen!

Zwar ist noch hier und da ein wenig
fröhliches Geschrei der Narren,
doch bald kehrt dort auch Ruhe ein,
wenn sie zwischen Gasbeton,

auf ihren Morgen harren.

Vielleicht ein wenig Wein — ich bin
allein.
Und doch hab ich mein Fest mit ihr,
Vermählung mit der Königin der Nacht,
die mich die nächsten Stunden,
sicher glücklich macht.

In Ruhe und in Zärtlichkeit
umschmeichelt ihre Kühle meine Haut,
und hält mich doch so warm,
und wenn mich friert, ich zittere,
sie hat mit mir Erbar'm.

Was hältst du unter deinem schwarzen
Gewande,
das mich so zitternd fröhlich
macht,
und doch mit Schwermut so
gefangen hält?
Ist es die Schattenweit der Nacht?
Nein, flüstert sie, es ist die Welt

Ein Rausch mit ihr, die Wollust,
macht mir den Weg nach innen
frei,
und das Verlangen gibt
den Träumen Flügel, sie sind echt,
die am Tage jedes Mal die Sonne
mir verwehrt,
sind wahr, nicht Traum,
und lächelnd schaut der Mond und
nickt,
und gibt mir recht.

Es sind die Schemen, ist der leichte Nebel,
der jetzt im Herbst den rechten Blick,
in andere Welten gleiten lässt,
und diese Not, dies alles klar zu sehen
gibt mir die ruhige Nähe zu Gevatter Tod,
zu meines Lebens Rest, und
das macht mich so offen,
lässt mich im freien Fall, lässt mich im Abwärtsstrudel hoffen.

Oh lächelnder Mond,
du zeigst mir das man lächelnd schwinden kann,
du bist ganz blas, und fahl - werd' mir nicht krank!
Oh, ich vergass, du machst das jeden Tag.

Flieh nicht mit meinen Träumen,
du meine Königin,
siehst du denn nicht
wie verliebt ich bin?
Willst du meine Küsse säumen?

El Solei beisst sich durch die Nacht,
Alkaloide aber flieht mir im Morgengrauen,
und grell und bunt und viel zu laut,
kehrt der Tag zurück mit den Narren.

Ich kleide mich mit ihrem Tuch,
und werde mit ihnen ziehen,
ich schütte Gerüche über mich,
kann so getarnt zwischen ihnen
entfliehen.

Und an einem Tag, den ich selbst ersann,
da wart' ich voll Ungeduld,
bis diese schreckliche Sonne
vergeht,
denn der Abend bringt erneut deine
Huld.

Und so warte ich jeden Tag auf die
Nacht,
um in deine Arme zu fliehen,
und ich spüre schon, es ist bald
soweit,
dann sag ich den Narren auf
Wiedersehen.
Dann nimmst du mich in deinen
dunklen Arm,
dann werde ich mit dir gehen.

Und wer weiss, in ein paar Jahren,
bald,
in deinem dunklen, nächtlichen
Reich,
kann die Liebe nicht mehr
entfliehen,
wie ich aus deinem dunklen Wald.

                    Hamburg, 23.10.2003

Bisher erschienene Titel:

„Einige Fussel aus meinem Leichentuch"

Autobiographische Kurzgeschichten und Essays

Rezension: Dieses Buch habe ich - obwohl ich nicht gerne lese – verschlungen.
Die Geschichten sind meist kurz genug, um schnell mal eine zu lesen. Und sie entspannen einen. Die Geschichten sind aus dem Leben gegriffen: Mal zum Nachdenken, mal zum Lachen.
Die Sprache ist einfach, aber nicht eintönig. Man kommt schnell rein in jede Geschichte und kann sich gut in den Erzähler und die Situation hinein versetzen. Es sind vor allem Geschichten der Zwischenmenschlichkeit, aber nicht der unbedingt gewöhnlichen oder einfachen.
Es macht einfach Freude, dieses Buch zu lesen - oder auch vorzulesen, wie ich kürzlich feststellte.

ISBN 978 373 228 4245

„Mehr Fussel aus meinem Leichentuch"

Autobiographische Kurzgeschichten und Essays

Rezension 1: Dieses Buch habe ich genos-sen! Absolut lesenswert und ein Muss als Urlaubslektüre, wenn man mehr als Trivialität erleben möchte.

Rezension 2: Konnte das Buch nicht mehr aus der Hand legen, habe gelacht, war nachdenklich und habe geträumt.....

Besonders haben mir die Bilder gefallen, die zwar nicht immer zu der Story passten, aber immer beeindruckend waren.

Rezension 3: Bin wieder begeistert, wie vom ersten Band. Besonders das Goggomobil und gestrandet sind wunderbare Geschichten. Muss man gelesen haben.

Ich freue mich auf Band III

ISBN 978 373 229 0215

„Noch mehr Fussel aus meinem Leichentuch"

Autobiographische Kurzgeschichten und Essays

Rezension: Ein wunderbares Buch mit Kurzgeschichten und Essays. Nicht immer politisch korrekt aber gerade deshalb lesenswert. Autobiographisches zum Schmunzeln, gesellschaftspolitisches zum Nachdenken, alles in kleinen Häppchen. Ideal für die Badewanne, in der Bahn oder vor dem Einschlafen. ich habe gleich 5 weitere Bücher zum verschenken bestellt und werde mir nun auch die, leider etwas teureren, Bände I+II besorgen. Sehr zu empfehlen.

ISBN 978 373 229 9386

„ES - die endlose Existenz" ES Band 1

Eine sozio-philosophische Erkenntnistheorie über die Existenz nach dem biologischen Tod, vor allem aber, wie das Leben auch in schweren Stunden zu meistern ist.

Rezension 1: Dieses Buch hat es in sich. Der Autor versucht, etwas Unvorstellbares plastisch darzustellen. Dies ist ihm gelungen, ob man nun überzeugt wird, oder nicht. Teilweise etwas schwierig zu lesen, daher nur 4 Sterne. Ansonsten aber durchaus lesenswert!

Rezension 2: ... und dieses Buch hat dann gezeigt, dass ich recht hatte, aber es zeigt mir auch, wie ich mich von meinen Ängsten lösen kann und der Endlichkeit entgegentreten. Wow - dieses Buch hat mein Leben positiv verändert.

ISBN 978 373 573 9308

Demnächst erscheinen:
Suizid II, Suizid III und Suizid IV
sowie einige Erotische Geschichten
Sammlungen.

Alle Kommunikationsadressen zum Autoren UweSchmidt:

Meine Künstlerseite:
www.Lexikon-der-Parallelwelten

E-Mail Adressen:

Allgemeine Nachrichten:

filosof@gmx.net

Friedensarbeit:

Friedensini.HH-Bramfeld@web.de

Friedensini.Bramfeld@t-online.de

Malerei:

UweSchmidtArt@gmx.de

Schriftstellerei / Lyrik:

UweSchmidtAutor@alice.de

Philosophie / Soziologie:

filosof-uwe@freenet.de

Politische Texte + Ideen:

pamphlet_poet@yahoo.de

Private Kontakte:

filosof@gmx.net

LISSCUS@web.de

Lieferanschrift: Uwe Schmidt
                        Bramfelder
                        Chaussee 252
                        22177 Hamburg

Postanschrift: Uwe Schmidt
                        Postfach 71 01 29
                        22161 Hamburg

T Telefon: 040 – 432 66 187
F Fax: 040 – 432 66 188
H Handy: 0177 – 649 35 57